DICCIONARIO DE SEXO

Miquel J. Pavón Besalú

Dedico este libro

A mi madre.

ÍNDICE

"Recuerdo perfectamente la primera vez que disfruté del sexo. Todavía conservo el recibo".
Grouxo MARX

- **3D**: Expresión utilizada para indicar que el vídeo o la película se puede visionar en tres dimensiones.
- **4 manos**: Expresión usada en los masajes para indicar que el masaje se realiza por dos personas a la vez.
- **69** (del argot): Es una metáfora típica del castellano que expresa a dos cuerpos superpuestos en sentido contrario practicando el sexo oral. Es una postura descrita en el antiguo libro del kamasutra. El hombre estimula los órganos femeninos con la boca a la vez que la mujer hace lo mismo al hombre. Recibe el nombre de postura del cuervo.

A

- **Aborto**: Interrupción del embarazo antes de los 180 días de gestación, puede ser espontáneo, es decir, de forma natural o provocado.
- **Abstinencia sexual**: Privarse total o parcialmente de satisfacer los deseos sexuales, puede ser por causa religiosa, voluntaria (anticoncepción), obligatoria (reclusión), etc.
- **Abuso sexual**: Conducta realizada por una persona que fuerza a otra para satisfacer sus necesidades sexuales.
- **Abuso sexual infantil**: Es un abuso sexual realizado por un adulto en el que la víctima es una persona menor de edad.
- **Actor porno**: Hombre o actor que trabaja en películas de temática adulta o pornográfica (cine X).
- **Actriz porno**: Mujer o actriz que trabaja en películas de temática adulta o pornográfica (cine X).
- **Adicción sexual**: Conducta compulsiva que lleva a una persona a actuar irreflexivamente en búsqueda de situaciones que calmen su angustia y ansiedad sexual.
- **Adolescencia**: Período del desarrollo humano entre la niñez y el estado adulto, incluye la pubertad durante la cual se desarrolla en gran parte el deseo sexual.
- **Adolescentes**: Chicas que tienen una edad cercana a los 18 años.
- **Adulterio**: Relación sexual entre una mujer o un hombre casados con otra persona que no es su cónyuge. También llamado sexo extramarital.
- **Adulto**: Término usado para referirse a que se posee la mayoría de edad legal para todo lo que se refiere al uso y consumo de productos sexuales. Varía según las diferentes

legislaciones de cada país aunque se suele fijar entre los 18 y los 21 años.

• **Afeitada:** Persona que se ha depilado el vello púbico.

• **Afilar:** Acción de enamorar, conquistar o seducir.

• **Afrodisíaco:** Cualquier sustancia que estimula o aumenta el deseo sexual, como por ejemplo: algunas comidas, bebidas o drogas. Muchas de ellas son sin un substrato científico válido. Ver: comida afrodisíaca.

• **Afrodita:** En la mitología griega era la Diosa del amor, la lujuria, la belleza, la sexualidad y la reproducción.

• **Aizen Myó-ó:** En el culto budista Shingon del Japón es una personificación del Dios del amor y que destruye las pasiones malignas.

• **Alcahueta:** Persona que concierta, encubre o facilita una relación sexual generalmente ilícita.

• **Amante:** Persona que tiene relaciones sexuales con otra sin estar casados.

• **Amateur:** Término que se utiliza para expresar el sexo realizado por personas normales y corrientes que no son actores profesionales del mundo del porno.

• **Amenorrea:** Ausencia de menstruación.

• **Amor:** Deseo que siente un hombre o una mujer hacia un ser querido. También se usa el término para describir el coito cuando se realiza con una persona estimada.

• **Ampullitis:** Inflamación de una ampolla, especialmente del extremo dilatado del conducto diferente del testículo.

• **Amurar:** Acción de dejar o abandonar a la pareja.

• **Anal:** Relacionado con el ano.

• **Analgia:** Estado de no experimentar dolor.

• **Andrógenos:** Hormona masculina por excelencia, promueve el desarrollo de los órganos sexuales y las características sexuales secundarias masculinos. Se producen en gran cantidad en los testículos y en menor proporción en las glándulas suprarrenales del hombre y de la mujer. Regulan el nivel de deseo sexual en ambos.

• **Androginia**: Presencia simultánea de características femeninas y masculinas en un individuo.

• **Andrógino**: Persona que tiene características masculinas y femeninas a la vez y órganos sexuales incompletos de ambos sexos. También llamado hermafrodita.

• **Andropatía**: Cualquier enfermedad propia del sexo masculino.

• **Andropausia**: Período de declinación de la secreción hormonal masculina. Se da, en general, a edad adulta y habitualmente es superior a su homólogo femenino, la menopausia.

• **Aneyaculación**: Transtorno sexual masculino por el que el varón no eyacula aunque sí puede tener un orgasmo.

• **Anhedonia eyaculatoria**: Falta de placer al eyacular. O sea, falta del componente psicofísico del orgasmo estando presente la emisión o eyaculación. Trastorno no frecuente, pero compatible con depresión psíquica o secuelas de un stress de cualquier origen.

• *Anilinctus*: Postura en la que se realiza un anilingus.

• *Anilingus*: Es la práctica sexual en la que existe un contacto entre la boca y el ano. También se denomina: beso negro.

• **Anillo vaginal**: Anillo de plástico transparente que se coloca en la vagina y sirve como método de anticoncepción de barrera.

• **Anillo para el pene**: Anillo que se coloca en la base del pene con el objeto de limitar que la sangre regrese y como consecuencia de ello aumente de tamaño y grosor.

Actualmente los hay que se les dispone un saliente con el objeto de que estimule el clítoris en los impactos.

• **Ano**: Orificio de salida del conducto digestivo. Ver también el término popular: culo.

• **Anorgasmia**: Falta de orgasmo en el coito. Mal conocido como frigidez.

• **Anorquidia**: Falta congénita de uno o dos testículos.

• **Anovulatorio**: Sustancia que impide la ovulación y, por tanto, el embarazo.

• **Anticoncepción**: Todos los métodos que se utilizan para evitar el embarazo.

• **Anticonceptivo**: Cualquier dispositivo o medicamento, como por ejemplo: preservativo, píldora, dispositivo intrauterino, ... utilizado por la pareja para posibilitar el coito sin riesgo de concepción.

• **Anticonceptivo oral**: Medicamento utilizado por la mujer con la finalidad de disminuir el riesgo de concepción, habitualmente bloqueando la ovulación (anticonceptivos hormonales). Medicamentos basados en estrógenos y progestágenos sintéticos que bloquean la capacidad ovulatoria de la mujer, impidiendo el embarazo (píldora anovulatoria) o dificultando la migración espermática por aumentar la viscosidad del moco cervical uterino.

• **Antihipertensivos**: Medicamentos usados para la hipertensión arterial. Notable avance para el tratamiento y el pronóstico de algunas enfermedades cardiovasculares. Estos medicamentos deben usarse con precaución y ser controlados y administrados por médicos clínicos o cardiólogos. Su uso prolongado puede provocar disfunción sexual.

• **Antro**: Nombre alternativo con el que se conoce a los clubes nocturnos, discotecas, bares, *table dances* y otros.

- **Aparato genital femenino**: La parte externa la forma la vulva con los labios menores, mayores y la uretra. La parte interna la forma el útero o matriz y los ovarios.
- **Aparato genital masculino**: La parte externa está formada por el escroto y el pene. La parte interna lo forman los testículos, el epidídimo, el conducto deferente, las vesículas seminales, el conducto eyaculador, la próstata, la uretra y las glándulas bulbouretrales (glándulas de Cowper).
- **Apretón**: Técnica que consiste en controlar la eyaculación cuando el hombre está muy excitado. El placer aumenta porque se alarga considerablemente el orgasmo. Para ello, antes de eyacular hay que apretar el frenillo, la parte superior del pene, con el dedo pulgar y los dos dedos centrales hasta que la eyaculación remite.
- **Árabe**: Situación en la que el hombre esta tumbado boca arriba y la mujer lo cabalga.
- **Ardiente**: Persona muy apasionada sexualmente.
- **Areola**: Área pigmentada alrededor del pezón humano, centro mamaria, que se dilata levemente durante la excitación sexual.
- **Argumental**: Clasificación que recibe una película que tiene una determinada trama lógica con un principio, desarrollo y final. En inglés se conocen como *feature*.
- **Asexual**: Que carece de sexo manifiesto u órganos sexuales. Por extensión se denomina así a personas carentes de franco deseo sexual, sin alteraciones anatómicas referentes a su sexo.
- **Asfixia**: Práctica sexual que busca obtener placer mediante la pérdida de respiración durante el orgasmo.
- **Asiática**: Chica con rasgos propios de los países asiáticos.
- **Astarot**: En la Biblia aparece como la principal deidad de los cananeos . Era la Diosa de la fertilidad y del amor sexual.

• **Astarté**: Diosa fenicia que representaba el culto a la madre Naturaleza, la vida, la fertilidad, el amor y los placeres carnales.

• **Atocia**: Esterilidad en la mujer.

• **Autoestimulación**: Masturbación, onanismo. Estimulación sexual del propio cuerpo. Autoerotismo.

• **Autoerotismo**: Acción de darse placer a sí mismo. Puede realizarse a través de fantasías o de actividades sexuales que uno realiza consigo mismo, como por ejemplo la masturbación o la estimulación de los órganos genitales.

• **Aventura** (del argot): Tener una relación sexual con una persona que está comprometida con otro/a. También se usa las palabras: lío, rollo, amorío, apaño, idilio, enredo, camarico, …..

B

- **Bacán**: Hombre elegante y bien posicionado que mantiene a una mujer. A la mujer se la conoce también como una mantenida.
- **Bacana**: Mujer elegante y bien posicionada que mantiene a un hombre.
- **Bacteria**: Microbio formado por una sola célula que se reproduce por escisión. Las bacterias son responsables de numerosas enfermedades. Pueden vivir de forma independiente a diferencia de los virus que no pueden sobrevivir más que en el interior de una célula a la que parasitan. Las bacterias pueden ser bacilos (con formas de bastón), cocos (con forma esférica) y espiras (con forma espiralada).
- **Ballesta** (del argot): Nombre que se le da al pene porque se arma y dispara de la misma forma que una ballesta.
- **Barco del amor**: Postura en la que la pareja se sienta frente a frente.
- **Barra americana**: Ver: *pole dance*.
- **Barrio rojo**: Zona de una ciudad donde se concentra una gran cantidad de prostíbulos y que suelen estar en los cascos históricos de las poblaciones.
- **BBW**: El acrónimo proviene del inglés *Beatiful Big Woman* que traducido vendría a ser hermosa mujer grande. En el mundo del sexo se utiliza para describir a las mujeres que sobrepasan las medidas que se consideran normales.
- **BDSM**: Es la denominación usualmente empleada para designar una serie de prácticas y aficiones sexuales relacionadas entre sí y vinculadas al sexo extremo. El término

se usa frecuentemente, de forma equivocada, como sinónimo de sadomasoquismo. Está estrechamente relacionado con la cultura *leather* (cuero). Las siglas BDSM son el conjunto de *Bondage* (B), Disciplina y Dominación (D), Sumisión y Sadismo (S) y Masoquismo (M).

• **Beneficiar** (del argot): Acción de llevar las riendas o decidir el momento en que se desea realizar el acto sexual.

• **Berretín** (del argot): Expresión usada para indicar que se está encaprichado/a o muy enamorado/a. Para el caso de la mujer también se usa la expresión encoñada.

• **Besito rico**: Beso que consiste en besar las partes genitales.

• **Beso**: Es el acto de tocar algo con los labios aunque lo normal es que sea a otra persona. En los humanos se usa el beso como signo de afecto. Ver artículo complementario: Un diálogo silencioso: el beso.

• **Beso afectivo**: Consiste en dar un beso en la mejilla o en la frente como muestra de cariño.

• **Beso apasionado**: Beso que delata la pasión de los amantes.

• **Beso esquimal**: Beso en el que no existe un contacto con los labios sino que se frotan las puntas de las narices de dos personas.

• **Beso francés**: Beso realizado lengua con lengua.

• **Beso insinuante**: Beso que delata nuestras intenciones dejando abiertas las percepciones de nuestros actos.

• **Beso negro**: Beso en el ano. Ver: *anilingus*.

• **Bestialismo**: Actividad sexual entre una persona y un animal. Zoofilia.

• **Bigotear** (del argot): Término usado en Hispanoamérica para expresar que un hombre consigue que una mujer haga el acto sexual con él.

- **Bikini**: Prenda de baño de dos piezas de uso femenino en el que una pieza cubre la zona de los pechos y la segunda pieza cubre los genitales.
- *Billings*: Método anticonceptivo conocido también como el método del moco cervical. Es un método de planificación natural basado en la observación del ciclo normal de la secreción vaginal. Posibilita predecir los días de ovulación y, por lo tanto, los días más inseguros para realizar el acto sexual. Cuando la mujer está ovulando el moco vaginal es más abundante, escurridizo y claro por lo que permite a los espermatozoides moverse con mayor facilidad. Cuando el período fértil termina la secreción vaginal se vuelve turbia, pegajosa y espesa.
- **Bisexual**: Persona que mantiene relaciones sexuales con personas de ambos sexos.
- *Body painting*: También llamado pintura corporal es, quizás, una de las primeras expresiones artísticas que usó el hombre en la antigüedad. La modalidad erótica consiste en pintar el cuerpo desnudo con el objeto de darle un aire deseable y artístico a la vez. Ver artículo y video complementario: Body Painting.
- *Body-to-body*: Tipo de masaje que se efectúa a base de frotar un cuerpo con el otro.
- **Bolas chinas**: Bolas de metal o látex que se introducen en la vagina o el ano para tonificar los músculos y producir excitación. Comprar bolas chinas.
- **Bomba sexual**: Persona que se supone que es la mejor en la cama y la más deseable.
- *Bondage*: Es una denominación aplicada a los encordamientos eróticos ejecutados a una persona vestida o desnuda con el objeto de realizar una práctica estética o

erótica. Es un elemento común en las ceremonias de dominación o sadomasoquismo.

• **Bóxer**: Es un calzoncillo o un tipo de ropa interior masculina. Debido a su diseño no aprieta los genitales. Tiene la forma de un pantalón corto.

• *Boys*: Denominación popular a los strippers masculinos que actúan en salas de fiesta tanto públicos como privados.

• **Bragueta**: Es una abertura delantera que se practica en los pantalones o calzoncillos de los varones para permitir que puedan miccionar sin necesidad de quitarse todas las prendas. También recibe el nombre de marrueco.

• **Brasileira**: Depilación integral de la zona púbica.

• *Brothel*: Ver: burdel.

• *Bukkake*: Término anglosajón usado para describir la práctica sexual que tiene una finalidad humillatoria. Consiste en la que varios hombres eyaculan sobre el cuerpo de una persona.

• **Burdel** (del argot): Es un prostíbulo. Un lugar donde se practica la prostitución. Popularmente también se denomina: casa de citas, puticlub, lupanar, garito, mancebía, queco, quilombo, ...

C

- **Cabaret**: Sala de espectáculo, generalmente nocturno, que suele combinar actuaciones de música, danza y canción que, en muchas ocasiones, tiene un aire erótico sensual.
- **Cachondo** (del argot): Que se está excitado sexualmente.
- **Calavera**: Persona aburrida o que sobra habituada a ir de fiesta en fiesta.
- **Calendario de fertilidad**: Método anticonceptivo que pretende predecir la fase fértil de la mujer. No es muy fiable en las mujeres que tienen ciclos menstruales muy irregulares. Se recomienda llevar una cuenta de los ciclos durante unos seis meses para aumentar la exactitud. De los 28 días que dura un ciclo se ovula el día 14. El período de mayor fecundidad en una mujer está comprendido entre el día 9 y el 17 de cada ciclo. El resto de días la fecundidad es muy baja hecho que se utiliza como método anticonceptivo natural. También se conoce como el método Ogino-Knaus.
- **Calzoncillo:** Prenda de ropa interior masculina destinada a cubrir la zona comprendida entre la cintura y el nacimiento de los muslos.
- **Cama**: Mueble utilizado para dormir. Es el lugar más utilizado para tener relaciones sexuales.
- **Camastro**: Cama pobre o incómoda.
- **Cancaneo**: Es la práctica sexual consistente en mantener relaciones sexuales en lugares públicos, generalmente sin ataduras y de forma anónima. Suele realizarse en parques, playas, bosques y descampados cercanos a zonas urbanas así como en baños públicos y zonas de descanso de las autopistas. También se conoce como *dogging*.

- **Cáncer cervical**: Cáncer situado en el cuello del útero.
- **Cándida**: Infección por hongos de la vagina.
- **Capricho**: Antojo o deseo sexual pasajero.
- **Capuchón cervical**: Método anticonceptivo de barrera similar al diafragma.
- **Carantoña**: Gesto cariñoso que se hace a una persona con el objeto de conseguir algo.
- **Caricia**: Gesto cariñoso que consiste en pasar la mano suavemente sobre la piel de otra persona.
- **Cariño**: Amor o afecto que se siente hacia otra persona.
- **Castidad**: Comportamiento voluntario que consiste en moderarse o abstenerse de tener relaciones sexuales.
- **Castración**: Extirpación quirúrgica de las gónadas (testículos u ovarios) o su inhabilitación funcional (por medicamentos, radiaciones, etc.).
- **Catre** (del argot): Cama ligera.
- **Celestino/a**: Persona que actúa como intermediario con el objeto de favorecer o promover una determinada relación sexual. También se usa el término alcahueta.
- **Celibato**: Estado de soltería, o abstinencia voluntaria de unión sexual.
- **Cepillar** (del argot): Tener relaciones sexuales con alguien.
- **Cera**: Sustancia que se utiliza en caliente con el objeto de crear sensaciones en el cuerpo desnudo. También se usa para la depilación.
- **Cérvix**: Cuello del útero. Es un canal estrecho que separa la vagina del útero. Responde a la secreción cíclica de las hormonas sexuales femeninas produciendo una mucosidad. Ésta sufre cambios durante el ciclo menstrual. Durante el embarazo se dilata para permitir el paso del niño/a.

• **Cibersexo**: Forma de sexo virtual en el que dos personas se conectan gracias a una red informática y se mandan mensajes sexualmente explícitos o recrean experiencias sexuales.

• **Ciclo mestrual**: Periodo de tiempo que va desde el primer día de la regla hasta el primer día de la siguiente regla. Su duración varía de una mujer a otra pero siempre oscila alrededor de los 28 días.

• **Cine erótico**: Es aquel en el que no se muestran explícitamente genitales ni actos sexuales. También recibe el nombre *softcore*.

• **Cine pornográfico**: Es aquel en el que se muestra explícitamente los genitales mientras se realiza el acto sexual. Su propósito es excitar al espectador. Se conoce como cine porno, cine X, cine XXX o cine adulto. También recibe el nombre *hardcore*.

• **Circuncisión**: Intervención quirúrgica, con la finalidad de extirpar parcial o totalmente el prepucio. Puede ser realizado por razones religiosas, de higiene o para corregir la fimosis que es una enfermedad caracterizada por un prepucio poco elástico y que genera dificultades en la relación sexual en el varón.

• **Cistitis**: Infección de la vejiga que produce irritación y dolor al orinar.

• **Clamidia**: Enfermedad transmitida sexualmente causada por un germen (*Chlamydia Trachomantis*). Es muy habitual. Puede infectar la vagina, la boca, el tracto urinario o el recto. En las mujeres se suele manifestar casi siempre en la zona del cérvix. Se trata con antibióticos. Puede degenerar en una salpingitis.

• **Clásico**: Categoría que se adjudica al material que está realizado con técnicas que ya se consideran que no son las actuales.

- **Clasificado S**: Calificación que recibía una película con escenas eróticas que no eran pornográficas. Ahora se clasifica simplemente para mayores de 18 años.
- **Clasificado X**: Calificación que recibe un contenido que no es apto para menores de edad. Contiene escenas o material pornográfico.
- **Climaterio**: Cambios físicos y psicológicos que acompañan a la menopausia en las mujeres.
- **Clímax**: Momento culminante de la excitación sexual y que generalmente precede al orgasmo.
- **Clítoris**: Órgano genital fundamental en la sexualidad femenina. Se encuentra ubicado por encima de la uretra u orificio por donde se expulsa la orina y está cubierto por una especie de capuchón. Es eréctil al igual que el pene del hombre. Ver artículo: Goza con tu punto G o tu clítoris.
- **Club swinger**: Local donde acuden chicas solas y parejas con el objeto de intercambiar sexo entre parejas y hacer orgías de todo tipo. También se conocen como clubs liberales.
- **Coito**: Relación sexual que incluye la penetración.
- **Coito anal**: Forma de unión sexual (heterosexual u homosexual) en la que un hombre introduce su pene en el ano de su pareja.
- **Coito tántrico**: Relación sexual que trata de alargar la excitación sexual alternando períodos de penetración y descanso. La introducción del pene en la vagina no se suele hacer completo y se suele introducir únicamente la zona del glande.
- **Coitus interruptus**: Expresión que proviene del latín que se utiliza para designar un falso método anticonceptivo que consiste en retirar el pene de la vagina justo antes de que se

produzca la eyaculación. Popularmente se conoce como el método de la marcha atrás.

• **Cojones** (del argot): Testículos. Popularmente también se denominan: borlas, huevos, pelotas, ….

• **Colposcopia**: Examen visual del cuello uterino y la vagina con ayuda del colposcopio.

• **Columpio erótico**: Juguete erótico que permite desarrollar varias posturas de penetración suspendidas en el aire. En los países anglosajones se conocen como *love swing* o *erotic swing*.

• **Collar de sumisión**: Objeto de metal o cuero provisto de un tirante guía usado en la práctica del BDSM. Se suele colocar en el cuello.

• **Comida afrodisíaca**: Alimentos preparados con ingredientes cuya finalidad es la de estimular sexualmente. Se utilizan habitualmente ostras, apio, nueces, pimienta de Cayena, paprika picante y otras especias orientales. Ver índice de artículos: Plantas afrodisíacas.

• **Compilación**: Obra o video que reúne fragmentos con un mismo tema.

• **Concepción**: Fertilización de un óvulo por un espermatozoide. Suele ocurrir dentro de la Trompa de Falopio.

• **Condón**: También denominado preservativo. Es un anticonceptivo con forma de globo. Generalmente es de látex y se adapta a la forma del pene. Impide que los espermatozoides lleguen hasta el cuello del útero. Existen también condones femeninos aunque se trata de un método más reciente y menos difundido. Comprar preservativos online.

• **Conducto deferente**: Tubos musculares que conectan el epidídimo con los conductos eyaculatorios. En la eyaculación estos tubos se contraen para lanzar el semen. La vasectomía lo que hace es cortar estos tubos.

• **Conducto eyaculador**: Comienza al final de los conductos o vasos deferentes y terminan en la uretra.

• **Congestión pelviana**: Hinchazón de los genitales femeninos producida por la llegada de sangre durante la excitación. Se siente como placentera si se puede descargar en un orgasmo. Si el orgasmo no se produce puede llegar a ser dolorosa.

• **Cono anal**: Juguete erótico que dilata el ano de forma gradual. También se conoce como consolador anal.

• **Conquistar**: Ganar el cariño o enamorar a una persona.

• **Consolador**: Objeto que tiene la forma y tamaño aproximado de un pene erecto. Es utilizado para producir placer sexual mediante la inserción vaginal o anal. También se lo conoce con el nombre de vibrador. Comprar consolador online.

• **Continencia**: Un estado de ejercicio de autorrestricción, especialmente respecto al apremio sexual.

• **Contracción**: Actividad uterina normal durante el parto en el que aparecen una serie de convulsiones. También se pueden experimentar durante los orgasmos.

• **Contracepción hormonal**: Uso de anovulatorios para evitar la concepción.

• **Control natural de la natalidad**: Modo de evitar el embarazo mediante la abstinencia de coito en los días del ciclo menstrual en que es posible la concepción. También llamado "*método del ritmo*", término con que se designan a los métodos de calendario, de secreción mucosa cervical (ver Billings) y de temperatura basal que se utilizan para determinar cuáles son los días en que el coito tiene menos posibilidades de conducir a un embarazo.

- **Cónyuge**: Cualquiera de las personas que forman un matrimonio.
- **Coño** (del argot): Vagina. Parte externa del aparato genital femenino. Se utiliza popularmente otros muchos términos para denominar lo mismo tales como: conejo, chocho, chumino, almeja, parrús, potorro, quiquiricuando, chona, chichi, …..
- **Coprofilia**: Una desviación sexual en la cual la satisfacción es asociada con el acto de la defecación. Interés morboso por las heces.
- **Copular**: Unión del macho con la hembra durante el acto sexual o coito.
- **Cornudo**: Término popular para designar a la persona de una pareja que a la que le ha sido infiel su compañero/a.
- **Corrida** (del argot): Acto de eyacular semen.
- **Cortejo**: Conducta humana de acercamiento con intenciones sexuales.
- *Cow-boy*: Postura en el que el hombre está tumbado mientras que la mujer se sienta encima de la misma forma que se cabalgaría un caballo. Si la mujer le da la espalda se conoce como *reverse*.
- *Creampie*: Término anglosajón usado para describir la práctica sexual que consiste en que el hombre en el momento de la eyaculación lo hace retirando el pene de la vagina con el objeto de que el semen acabe saliendo fuera de la vagina como consecuencia de las contracciones vaginales.
- **Crema espermicida**: Producto químico en forma de crema que se introduce en la vagina unos minutos antes del coito para producir la muerte o disminución franca de la movilidad de los espermatozoides. Comprar crema espermicida.

27

• *Cruising*: Término inglés que se usa para referirse a un cancaneo, es decir, sexo en lugares públicos sin compromisos y realizado entre personas del ambiente gay.

• **Cubana**: Acción de masturbar el pene con la ayuda de los pechos de la mujer.

• **Cuchara**: Postura que consiste en estar tumbados y acoplados adaptando el cuerpo el uno con el otro. La espalda de uno da con la parte frontal del otro.

• **Cuello del útero**: Parte del útero que comunica con la vagina.

• **Culo**: Se refiere al conjunto de las dos nalgas situado entre la espalda y las piernas. También se denomina trasero. En la jerga popular también se suele usar las palabras: pompis, pandero, posaderas, nalgas, cachas, ...

• *Cunnilingus*: Expresión latina que se utiliza para designar la estimulación de los genitales femeninos con la boca. En inglés: *cunninglingus*.

• **Cupido**: En la antigua Roma era el Dios del deseo amoroso.

CH

• **Chamuyar:** Decir palabras con la intención de conquistar a una mujer.

• **Chancro**: Especie de llaga dura e indolora que, provocada por la sífilis, aparece en la vagina, el ano o la boca.

• **Chapar**: Besarse y abrazarse sin llegar al coito. También se conoce como *petting*.

• **Chapero**: Hombre que se prostituye con otros hombres.

• **Chat erótico**: Conversación que tiene connotaciones eróticas o sexuales que se realiza con la ayuda de un ordenador o un móvil.

• **Chulo** (del argot): Persona que vive económicamente de las prostitutas. También reciben el nombre de caferata, cafiolo, canfinfle o cafishio.

• **Chupar**: Lamer. Humedecer con la boca o la lengua.

D

- **Danza de Shiva**: Baile del Dios hindú que encarna la energía de la vida y la energía sexual.
- **Danza del vientre**: Danza muy elemental que se realiza prácticamente sin desplazamientos y con ligeros movimientos de cadera sensuales. También se conoce como danza árabe.
- *Deep throat*: Término inglés que se utiliza para denominar a la garganta profunda.
- **Denigrar**: En el mundo del sexo suele ser proferir insultos a la pareja.
- **Depilación**: Técnica que consiste en eliminar el vello de alguna de las zonas del cuerpo.
- **Depresión reactiva**: Reacción emocional ante la pérdida de algo que se traduce en una disminución del deseo sexual.
- **Descapullar**: Acto por el que se retira la piel que cubre el glande con el objeto de dejarlo al descubierto.
- **Deseo sexual**: También llamado líbido. Impulso que nos lleva a desear mantener relaciones sexuales con otra persona.
- **Desfloración**: La ruptura del himen en la primera experiencia sexual de una mujer virgen o a través del examen vaginal.
- **Desnuda/o**: Estado de un hombre o una mujer que no llevan pieza de ropa alguna que le cubra el cuerpo.
- **Detumescencia**: Proceso fisiológico opuesto a la tumescencia. Significa retroceso de una congestión sanguínea. El término se aplica al fenómeno de vaciamiento de los cuerpos cavernosos del pene, simultáneo o inmediatamente posterior al orgasmo. Habitualmente, la detumescencia se produce después del orgasmo pero no necesariamente ya que puede existir vaciamiento sanguíneo tras las erecciones reflejas

en cualquier momento del día o de la noche, con o sin motivación erótica.

• **Diafragma**: Anticonceptivo de barrera que impide que los espermatozoides lleguen al útero. La primera vez debe colocarlo un ginecólogo en el interior de la vagina. Debe colocarse con precisión dos horas antes de la relación sexual y se retira luego.

• **Días fértiles**: Período de tiempo en que se produce la ovulación de la mujer y el embarazo es, por tanto, probable. Comprende los días 9 a 17 de cada ciclo.

• **Dildo**: Pene artificial en erección, utilizado en la masturbación femenina. Ver: vibrador.

• **Diosas/es del amor**: Afrodita, Aizen Myó-ó, Astarot, Astarté, Cupido, Eros, Erotes, Freyja, Gopi, Hathor, Hímero, Hu Tianbao, Huehuecóyotl, Ishtar, Ixchel, Kámadeva, Milda, Mohiní, Nindaranna, Pan, Qadesh, Rahda, Rambhá, Shaktí, Subhadrá, Tasmetu, Tlazoltéotl, Tulasí, Venus y Xochipilli.

• **Diquero** (del argot): Persona que se da más importancia de la que tiene, se sobreestima o se luce.

• **Disciplina**: Práctica del sexo extremo consistente en hacer guardar unas determinadas normas habitualmente a base de azotes y castigos. Es una de las prácticas del BDSM.

• **Disfunción erectiva**: Transtorno sexual masculino que se traduce en que el pene no queda erecto durante la relación sexual.

• **Disfunción sexual**: Cualquier problema que interfiere con la actividad sexual normal.

• **Dismenorrea**: Menstruación muy dolorosa, frecuentemente con cólicos, náuseas, dolor de cabeza y otras molestias abdominales.

• **Dispaurenia**: Dolor experimentado durante el coito, independientemente del sexo, por ejemplo: en la mujer a causa de la tensión involuntaria de los músculos vaginales, o en ambos por sequedad vaginal.

• **DIU** (dispositivo intrauterino): Anticonceptivo consistente en una pequeña pieza de plástico que el ginecólogo coloca en el interior del útero por un período de 5 a 10 años.

• **Doblete**: Acto por el que una persona realiza actos sexuales con otras dos personas. También se conoce popularmente como hacer un trío.

• *Dogging*: Término inglés que se usa para referirse a un cancaneo, es decir, sexo en lugares públicos sin compromisos y realizado entre personas heterosexuales. Ver un relato erótico complementario: Un dogging callejero.

• **Domina**: Mujer que practica la dominación sobre sus sumisos o esclavos. También se las suele denominar *misstres* o diosa.

• **Dominación**: Conjunto de comportamientos, costumbres y prácticas sexuales centradas en relaciones de consenso que implican el dominio de un individuo sobre otro. Es una de las prácticas del BDSM. A la persona dominada se la denomina sumisa.

• **Ducha**: Dispositivo para inyectar a presión agua u otro líquido en la vagina con fines higiénicos. Muy poco recomendable como forma de control de la natalidad e innecesario para la higiene, si la flora vaginal es normal.

• *Dungeon*: Es un término anglosajón que significa mazmorra o calabozo. Se utiliza en el mundo del BDSM para designar al lugar donde practican las actividades y que suele estar equipado para ello. Ver también: mazmorra.

E

- **Ébano**: Clasificación del material en el que aparecen personas de piel negra o con rasgos africanos.
- **Educación sexual**: Proceso formativo realizado por expertos consistente en proporcionar los conocimientos generales sobre el mundo sexual para que sea desarrollado con libertad y responsabilidad.
- **Embarazo**: Implantación de un óvulo fecundado por un espermatozoide en el endometrio situado en las paredes del útero.
- **Embarazo ectópico**: Embarazo en el que el embrión se desarrolla fuera del útero. Se suele producir en una de las trompas de Falopio o en el cérvix.
- **Embrión**: Nombre que se da al óvulo fecundado durante los tres primeros meses del embarazo.
- **Emisión nocturna**: Eyaculación de semen durante el sueño que se produce de forma involuntaria.
- **Enamorar**: Sentir un intenso deseo de reciprocidad y temor a un rechazo por parte de la pareja.
- **Encarcarse**: Arquearse.
- **Encoñado/a** (del argot): Persona que está muy obsesionado o enamorado de su pareja.
- **Endometrio**: Tejido de las paredes del útero donde se implanta el óvulo fecundado. Todos los meses, si no hay embarazo, se desprende junto con otras sustancias y se expulsa por la vagina. Esta expulsión es lo que se llama menstruación o regla.
- **Enfermedad de transmisión sexual** (ETS): Enfermedad que se transmite a través del contacto sexual. No es necesario que se

produzca penetración pues también puede transmitirse por medio del sexo oral.

• **Enfermedad pélvica inflamatoria**: Es una enfermedad potencialmente seria que afecta a las mujeres como resultado de enfermedades transmitidas sexualmente no tratadas bien tales como la gonorrea o la clamídea.

• **Entrevista**: Género en el que se clasifica el material en el que se realizan unas preguntas previas para conocer un poco mejor a los actores antes de realizar el acto sexual.

• **Epidídimo**: Tubos donde se almacenan y maduran los espermatozoides recién producidos antes de entrar en los conductos deferentes desde donde se eyaculan.

• **Erección**: Endurecimiento y aumento del tamaño del pene del clítoris. Se produce por la mayor afluencia de sangre a esas zonas durante la excitación sexual.

• **Erección matinal**: Es el resultado de que durante la noche los niveles de testosterona aumentan y producen una repleción vesical que las facilita. Suele ser una erección nocturna que coincide con el momento en el que nos despertamos.

• **Erección nocturna**: Episodios de excitación sexual que se suceden por la noche y que son útiles para oxigenar el pene y mantenerlo en perfectas condiciones fisiológicas para la actividad sexual. Lo normal es que existan varios episodios de erección en una misma noche.

• **Eréctil**: Tejido de características esponjosas, que puede ser llenado con sangre y de ese modo aumentar de volumen y consistencia.

• **Erógeno**: Que produce deseo sexual.

• **Eros**: Dios griego responsable de la atracción sexual, el sexo y el amor.

• **Erotes**: Dioses alados del amor de la mitología griega.

• **Erótico**: Aquello relativo al estímulo del deseo o que tiende al placer sexual.

• **Erotismo**: Mundo propio de la especie humana que es la puerta de entrada al deseo sexual. Es un desarrollo del placer, el amor y la comunicación estimulando los sentidos con la percepción de lo externo con el objeto de poder llegar al mundo interno de las fantasías y los recuerdos.

• **Erotógeno**: Que produce excitación sexual.

• **Escort**: Es un acompañante remunerado/a. Suele ser una mujer a la que el cliente le paga para ir acompañado a fiestas, reuniones, salidas, cenas, ... También se suele acordar con ella servicios sexuales aunque no suele hacerse de forma claramente abierta. Se denominan escorts independientes las que no trabajan mediante una agencia.

• **Escroto**: Especie de bolsa de piel que contiene los testículos.

• **Esmegma**: Sustancia olorosa, blanquecina y amarillent que se acumula debajo del prepucio de un hombre no circuncidado (o debajo de la cubierta del clítoris de una mujer) a causa de una higiene deficiente. _Comprar gel vaginal online_.

• **Espasmo**: Contracción involuntaria de ciertos músculos. En el contexto sexual, es la contracción que acompaña al orgasmo.

• **Esperma**: Ver: semen.

• **Espermatozoide**: Célula sexual masculina. Es producida por los testículos. Viaja en el semen a través de la vagina y el cuello del útero para fecundar el óvulo.

• **Espermicidas**: Sustancias que eliminan los espermatozoides. Suelen usarse bajo la forma de gel o jalea como complemento de otros anticonceptivos.

• **Esponja anticonceptiva**: Método anticonceptivo que usa una esponja embebida de crema espermicida y que se desecha una vez se ha usado.

• **Esposas**: Juguete erótico usado en la práctica del BDSM con el objeto de inutilizar las extremidades de la pareja.

• **Esterilización**: Suceso que incapacita a un individuo para que pueda procrear. Puede ser deliberada mediante una intervención quirúrgica. En el caso de las mujeres recibe el nombre de ligadura de trompas y en el de los hombres vasectomía.

• **Estimulación**: Acción de estimular o incitar. Excitar de diferentes modos el deseo sexual o provocar incluso, merced a la estimulación el orgasmo.

• **Estrógeno**: Hormona sexual femenina por excelencia, alguna de las varias hormonas esteroides secretadas fundamentalmente por los ovarios. Estimula los cambios en los órganos reproductores femeninos durante su ciclo menstrual y promueve el desarrollo de las características sexuales secundarias de la mujer en la adolescencia.

• **ETS**: Ver: enfermedad de transmisión sexual.

• **Eunuco**: Hombre cuyos genitales externos han sido extirpados.

• **Europea**: Clasificación que recibe el material en el que aparecen personas con rasgos propios de Europa.

• **Excitación**: Acción de provocar cambios en el cuerpo, debidos a estímulos físicos y mentales, que lo preparan para el coito.

• **Exhibicionismo**: Parafilia en la cual una persona se excita y siente placer de mostrar sus genitales externos en público. Es mas común en algunos hombres que sienten compulsivamente placer, al exhibir su pene en público, aunque no es privativo de sexo.

- **Explotación sexual**: Actividad económica consistente en obtener beneficios utilizando personas como objetos de consumo sexual de clientes que pagan por los servicios.
- **Éxtasis**: Estado de plenitud máxima producido por un orgasmo.
- **Eyaculación**: Expulsión del líquido seminal o esperma a través del pene.
- **Eyaculación precoz**: La eyaculación que se produce antes del momento deseado.

F

- **Facial**: Clasificación del material gráfico en el que el hombre eyacula en la cara de otra persona.
- **Falicismo**: Adoración o culto del miembro viril. También se conoce como falismo.
- **Fálico**: Relativo al pene, por lo general en su estado de erección.
- **Falo**: Otra denominación del pene, por lo general, en referencia a un estado de erección.
- **Falocapsis**: Cualquier curvatura del pene en erección.
- **Falodinia**: Dolor en el pene.
- **Faloplastia**: Cirugía plástica del pene.
- **Fase fálica**: También llamada fase genital. Etapa del desarrollo psicosexual (generalmente entre los tres y seis años de edad) durante el cual el niño adquiere conciencia de sus genitales y del placer obtenido de su estimulación; es también llamada fase fálica (con independencia del sexo) y etapa genital.
- **Fantasía sexual**: Situaciones o sucesos sexuales productos de la imaginación que involucran personas reales o imaginarias.
- **Fecundación**: Unión de un espermatozoide y un óvulo.
- **Felación**: Estimulación del pene con la boca. El término en latín es *fellatio*.
- *Fellatio*: Forma de sexo oral en la que se utiliza la lengua o la boca para estimular el pene.
- **Feromonas**: Sustancias secretadas por el cuerpo que poseen un olor, no siempre perceptibles, que estimula el deseo sexual en el sexo opuesto, están estudiadas en animales, e indican el estado de celo y de aceptación para la cópula.

• **Fértil**: Capaz de concebir.

• **Fertilización**: Penetración de la membrana celular de un óvulo por un espermatozoide. Una vez fertilizado, el óvulo recibe la mitad faltante de información cromosómica e inicia la duplicación celular y con ello a desarrollarse un embrión.

• **Festival erótico**: Feria que se organiza con el objeto de promocionar artículos eróticos de todo tipo y que se suele complementar con actuaciones eróticas o la proyección de películas X.

• *Festivaling*: Persona aficionada a asistir a los festivales eróticos.

• **Fetichismo**: Parafilia, forma de comportamiento sexual compulsivo por la cual la manipulación de un objeto inanimado o de una parte del cuerpo que no sean los genitales, es necesaria para la satisfacción sexual. Se conoce también con el nombre en inglés *fetish*.

• **Fetish**: Ver: fetichismo.

• **Feto**: Nombre que recibe el embrión a partir del tercer mes de embarazo.

• **FKK**: Denominación genérica de los clubs nudistas muy extendidos por todo el centro de Europa. Ver artículo complementario: ¿Cómo funciona un club FKK? .

• **Fimosis**: Estrechez anormal del borde del prepucio que evita que el glande quede al descubierto. Con frecuencia puede corregirse mediante masajes suaves durante la infancia, pero puede ser necesaria la cirugía (circuncisión).

• **Fingir**: Realizar el acto sexual o expresiones de satisfacción como reales cuando en realidad no lo son.

• *Fisting*: Término anglosajón usado para describir la práctica de BDSM en la que se introducen grandes objetos en el interior de la vagina o el ano.

- **Flagelación**: Estimulación erótica derivada de azotar o ser azotado.
- **Flirtear**: Mantener una relación amorosa de forma superficial sin compromisos.
- **Florentino**: Acción por la que la mujer sujeta el pene echando la piel hacia atrás.
- **Flujo vaginal**: Sustancia lubricante y protectora segregada en la vagina.
- **Fobia sexual**: Miedo irracional a todo lo relacionado con lo sexual.
- **Follar** (del argot): Practicar el coito. También se usan los términos: fornicar, copular, fifar, garchar, coger, culear, curtir, empomar, serruchar, ...
- **Francés**: Todo lo relacionado con el sexo oral. Es el acto en el que la chica se mete el pene del hombre en la boca y lo chupa.
- **Franelear**: Acción de realizar besos y abrazos sin llegar al coito.
- **Frenillo**: Ligamento que sujeta el prepucio al bálano o glande por la parte inferior del pene.
- **Freyja**: Diosa nórdica y germánica de la belleza, amor y fertilidad.
- **Fricción**: Forma de penetración similar a la horadación. La vagina está hacia abajo y el pene se frota con la parte inferior de la vagina.
- **Frigidez**: Incapacidad de origen psicológico para responder adecuadamente a una relación sexual. Se le atribuye especialmente de la mujer. En segunda instancia, término que define la incapacidad de alcanzar el orgasmo durante el acto sexual.

• *Frottage*: Se llama así a una desviación sexual en la que el orgasmo, se alcanza mediante la frotación contra una persona del sexo opuesto, comúnmente desconocido.

• **Froteurismo**: Parafilia que consiste en excitarse frotándose en público.

• **Fuck**: Término anglosajón que se traduce como follar.

G

• *Gang bang*: Es un tipo particular de orgía en el que una mujer o un hombre mantiene relaciones sexuales con tres o más personas que se van turnando.

• **Garganta profunda**: Tipo de sexo oral sobre el pene que consiste en introducir el pene erecto hasta la garganta y realizar profundos movimientos de vaivén con el fin de estimular el glande. En inglés *deep throat*.

• **Garsonier**: Lugar reservado para las citas de las parejas.

• **Garufa**: Persona que vive de fiesta en fiesta.

• **Gatillazo** (del argot): Es la expresión usada para describir una pérdida súbita de la erección del pene.

• **Gay**: Es una manera de designar a los sujetos homosexuales masculinos, es decir, a los hombres que muestran inclinación hacia la relación erótico-afectiva con individuos del mismo sexo.

• **Gemir**: Expresar dolor o gusto con sonidos el placer que se siente durante una relación sexual.

• **Genitales**: Conjunto de órganos que intervienen en las relaciones sexuales y en la reproducción.

• **Gigoló**: Joven que se prostituye con mujeres mayores por dinero o regalos.

• **Glande**: Punta del pene.

• **Glándulas de Cowper**: Pareja de glándulas situadas cerca de la próstata que producen una sustancia que anula cualquier acidez dentro de la uretra y que podría matar los espermatozoides. Producen el líquido seminal que ayuda a lubricar el glande. También se conocen como glándulas bulbouretrales.

- **Glándula prostática**: Glándula que rodea la uretra del hombre. Bloquea la salida de la vejiga cuando el pene está erecto y no permite que salga la orina. Produce uno de los principales componentes del semen. Las contracciones de sus músculos y otros que están a su alrededor son los que bombean el semen a través de la uretra hasta el pene durante la eyaculación.
- **Glándulas sexuales**: Son los ovarios en una mujer o los testículos en los hombres. También se conocen con el nombre de gónadas.
- *Glory hole*: Término anglosajón usado para describir un agujero practicado en una pared o tabique hecho en los lavabos públicos o videocabinas que se utiliza para observar o mantener relaciones sexuales, generalmente de forma anónima, con la otra persona que está en el otro lado de la pared. Ver relato y video: Glory hole.
- **Golpe de martillo**: El pene sale de la vagina y entra fuertemente dando un golpe brusco. La salida provoca más vigor al pene y retrasa el espasmo en el hombre mientras que a la mujer se le acelera la excitación.
- **Golpe del toro**: El pene en su penetración golpea los dos lados de la vagina a la vez.
- **Golpe del verraco**: El pene golpea únicamente una parte de la vagina.
- **Gonorrea** (*Gonococcia* o Blenorragia): Enfermedad de transmisión sexual, causada por un microbio, *Neiseria Gonorreae*, que es el causante de infecciones en la uretra masculina y femenina (conducto urinario) y en el canal cervical del cuello uterino, así como en las glándulas de Bartholin en la mujer.

• **Gonzo**: Género del cine pornográfico en el que se intenta que el espectador forme parte y se involucre en la escena sexual. Los planos se procuran rodar lo más realistas posibles.

• **Gopi**: En la teología vaisnava son las niñas amantes del joven pastor de vacas Krishná.

• **Gorrión**: Forma de penetración en el que el pene va y viene dentro de la vagina sin salirse haciendo vaivenes muy rápidos.

• **Griego**: Se usa el término para indicar el sexo anal.

H

- **Hacer el amor**: Expresión popular para indicar que se realiza el coito.
- **Hathor**: En la mitología egipcia era una Diosa nutricia del amor, la alegría y la danza.
- *Hardcore*: Término anglosajón usado para denominar el porno duro con escenas explícitas.
- **Hedonístico**: Perteneciente o relativo al placer o causado por él.
- **Hembra**: Individuo femenino. Es el opuesto al macho.
- *Hentai*: Término japonés que significa pervertido. El término se usa para englobar los dibujos del manga y del anime con contenido pornográfico.
- **Hermafrodita**: Individuo que posee tejido genital de ambos sexos, es decir, ovárico y testicular.
- Herpes genital: ETS que provoca la inflamación de los órganos genitales y produce dolor durante la relación sexual.
- **Heterosexual**: Persona que siente atracción sexual por personas del sexo opuesto exclusivamente.
- **Hielo**: Agua congelada que se usa para crear sensaciones en el cuerpo desnudo y que si se aplica en determinadas zonas erógenas produce una fuerte excitación rápida.
- **Himero**: En la mitología griega era la personificación de la lujuria y el deseo carnal.
- **Hiperovarismo**: Aumento anormal de la actividad funcional de los ovarios que da lugar a a precocidad sexual en las jóvenes.
- **Himen**: Membrana que protege parcialmente la entrada a la vagina. Comúnmente denominado virgo.

• **Histerectomía**: Acción de extirpar los órganos genitales femeninos.

• **HIV**: Virus de Inmunodeficiencia Humana, causante del SIDA.

• **Homosexual**: Persona que siente atracción sexual por personas del mismo sexo exclusivamente.

• **Horadación**: Técnica de penetración que se realiza con la vagina hacia abajo y el pene golpea y roza fuertemente su parte superior.

• **Hormona**: Sustancia química que regula el funcionamiento de los órganos y el cuerpo en general.

• **Hormonas sexuales**: Hormonas secretadas por las glándulas sexuales masculinas y femeninas que afectan el comportamiento humano. Las principales hormonas sexuales son los andrógenos y los estrógenos.

• **Hu Tianbao**: Dios chino al que le rezan cuando alguien se enamora y quiere ser correspondido.

• **Huehuecóyotl**: Dios mexica muy sagaz de la fiesta, la música, el baile y la canción.

• *Humming*: Término anglosajón usado para describir una variante de mamada que es menos conocida pero, según nos cuentan las chicas, muy efectiva. Se trata de emitir como un sonido con la garganta mientras tienes la polla en la boca. Esto produce un cosquilleo muy agradable. Y para las chicas lo mismo si ellos lo hacen sobre su coñito.

I

- **Identidad de género**: Estructura mental y emocional que permite reconocerse como hombre o como mujer.
- **Implante hormonal**: Implante subcutáneo que segrega hormonas que inhiben el embarazo. Su colocación dura cinco años.
- **Impotencia**: Disfunción sexual masculina que se traduce en la incapacidad de lograr una erección o de mantenerla lo suficiente para mantener un coito y eyacular.
- **Incesto**: Relaciones sexuales (heterosexuales u homosexuales) entre parientes muy cercanos, por ejemplo, entre padres e hijos, o hermanos.
- **Infertilidad**: Incapacidad de una mujer para llevar a cabo un embarazo a término, a diferencia de la esterilidad, que es la imposibilidad de embarazarse o de un hombre para embarazar a una mujer.
- **Infidelidad**: Acto de mantener relaciones sexuales con otra persona diferente a la pareja sin su conocimiento y consentimiento.
- **Inocente**: Persona a la que se le atribuye una gran dosis de ingenuidad en el tema sexual. Se le atribuye el término a quien no se entera de la película.
- **Instructivo**: Género con el que se clasifica el material que da una guía para que realice una determinada práctica sexual. Se suele acompañar de ciertas reprimendas en el caso de no saber hacerlo bien.
- **Intercambio de parejas**: Expresión que se aplica cuando dos parejas realizan el acto sexual de forma conjunta. Se alternan las personas las unas con las otras.

- **Interferón**: Sustancia antiviral secretada por cantidades mínimas por una célula afectada por un virus. El uso de interferón es una de las líneas de investigación en el tratamiento del SIDA.
- **Interrracial**: Género que se clasifica el material en el que aparecen personas de diferentes etnias.
- **Inyección anticonceptiva**: Ver: anovulatorio. Anticonceptivo anovulatorio que consiste en el suministro de gran cantidad de hormonas. Se aplica cada dos meses aproximadamente. Puede tener efectos secundarios.
- **Irrumación**: Es follar la boca. Es como la felación pero en este caso la mujer está quieta y es el hombre el que se la mete y se la saca de la boca. Es una actitud sumisa y a algunos les gusta sujetar la cabeza mientras lo hacen, pero ¡cuidado con no ahogarla!
- **Ishtar**: Diosa babilónica del amor, la guerra, la vida y la fertilidad.
- **Ixchel**: En la mitología maya era la Diosa del amor, la gestación, los trabajos textiles, la Luna y la medicina.

J

• **Jadeo**: Sonidos de gusto que se emiten durante el acto sexual o la estimulación de las zonas erógenas.

• **Japonés**: Coito realizado en el suelo o sobre almohadas. Tiene muchas posturas que se realizan en cuclillas.

• **Juego sexual**: Momento del encuentro sexual previo al orgasmo que incrementa la excitación a través de diversas conductas sexuales tales como las caricias, besos, abrazos o el sexo oral. Incluyen todo tipo de conductas que no son propiamente las relaciones sexuales destinadas al autoconocimiento del propio sexo o del sexo opuesto.

• **Juguete**: Objeto utilizado para mejorar o incrementar la estimulación sexual. Actualmente el mercado ha evolucionado mucho y ha creado todo tipo de objetos: vibradores, consoladores, anillos, muñecas hinchables, látigos, esposas, conos anales, ….

K

• **Kámadeva**: Dios hindú del deseo sexual.

• **Kamasutra**: El Kama Sutra es un texto amoroso hindú que dispone de nombres sugerentes para las diferentes posturas e indica muchas maneras para que el hombre incremente su vigor sexual, mediante alimentos como leche y miel, que siempre han sido reconocidos como fuente de empuje y energía. Este texto es el más antiguo tratado del arte del amar o del amor sexual, que antiguas civilizaciones decidieron escribir y pasarlo de generación en generación. En él se encuentran recopilados los atributos que para los hindúes (creadores del Kama Sutra) fueron, son y serán tan necesarios como los alimentos y el agua. Estas técnicas fueron reunidas hacia el año 500 d.C. gracias al científico-doctrinal Vatsyayana, quien reunió los 1000 capítulos originales y los adapto a las costumbres occidentales. Aunque la lectura por momentos parezca morbosa según la visión occidental, hay que comprender que dentro del contexto hindú el sexo era considerado sagrado y ellos no interpretaban las palabras como obscenas sino simplemente expresaban las cosas por su nombre. Además, sostenían que un buen entendimiento de las técnicas apuntaba a una mejor calidad de vida tanto física como espiritual. Ver artículo complementario: Kamasutra.

L

• **Labios mayores**: También llamados exteriores. Son pliegues de la piel que envuelven a la vulva para protegerla.

• **Labios menores**: Pliegues de la piel que protegen la vagina, la uretra y el clítoris. Se encuentran debajo de los labios mayores y se denominan también labios internos.

• **Lactancia**: Parafilia que consiste en ser amamantado por la pareja como forma de demostración de ternura.

• **Látigo**: Juguete sexual utilizado para azotar y crear sensaciones en el cuerpo desnudo.

• *Lap dance*: Es un baile de tipo sensual que ha alcanzado mucha popularidad. Consiste en que la bailarina o bailarín se mueve sensualmente al ritmo de la música directamente sobre el regazo de los espectadores. En muchos lugares existe una variante de este baile conocido como privado en el que se suele incluir aparte del baile erótico otro tipo de servicios sexuales.

• **Látex**: Material cada vez más utilizado para fabricar muchos utensilios relacionados con el sexo: preservativos, bolas chinas, ropa sexy, conos anales, ….

• **Latina**: Mujer con rasgos hispanoamericanos.

• **Lecho**: Cama.

• **Lecho nupcial**: Expresión utilizada para indicar la primera noche de bodas de una pareja que se compromete en matrimonio.

• **Lencería**: Conjunto de ropa íntima diseñada para seducir.

• **Lesbiana**: Palabra que se utiliza para hacer referencia a una mujer homosexual, es decir, una mujer que se identifica a sí misma, o la que otros caracterizan, por su deseo hacia otras mujeres.

• **Lesbianismo:** Término empleado para hacer referencia a la homosexualidad femenina. Ver artículo: <u>Lesbianismo: por el amor de una mujer .... jugué con fuego</u>.

• **Libertinaje:** Actitud irrespetuosa de la moralidad imperante en cuanto a las cuestiones sexuales.

• **Líbido:** Ver: deseo sexual.

• **Liendres púbicas:** Liendres que habitan en el vello público que, por lo general, se adquieren por contacto sexual con una persona infectada. Se conocen también como ladillas.

• **Ligadura de trompas:** Método anticonceptivo radical y definitivo. Consiste en cortar las trompas para evitar que el óvulo pueda encontrarse con el espermatozoide impidiendo así la fecundación y el embarazo.

• **Ligar:** Entablar una relación amorosa pasajera.

• **Limusina:** Coche de gran tamaño y ostentoso que permite soñar, fantasear, gozar y disfrutar de la compañía sin problemas de espacio.

• *Lingam*: Término en sánscrito que sería un símbolo del falo más en lo que se refiere a lo que es la energía masculina que del pene propiamente dicho.

• **Líquido seminal:** Uno de los principales componentes en conformar el volumen del semen, es producido fundamentalmente por la próstata con funciones nutritivas para los espermatozoides.

• **Lubricación vaginal:** En la primera parte de la respuesta sexual femenina y cuando se produce la excitación, aparece un líquido transparente característico, segregado por las paredes vaginales y facilitante de la penetración. Es el líquido equivalente al segregado durante la erección masculina.

• **Lubricante**: Líquidos pensados para complementar los secretados por el cuerpo humano para disminuir la fricción en el contacto sexual. Es preferible usar productos acuosos con fórmulas especiales para los genitales ya que son los más seguros de usar con los preservativos, diafragmas y otros objetos de goma.

• **Lujuria**: Deseo sexual incontrolable y desordenado.

• **Luna de miel**: Período posterior a la boda y la noche de bodas que los novios pasan juntos. Habitualmente es el período que los novios se toman de vacaciones justo después de la ceremonia del matrimonio.

LL

• **Llena de benzina** (del argot): Embarazada.

• **Lluvia dorada**: Nombre vulgar con el que se conoce la práctica de la urolagnia. Es un tipo de fetichismo sexual extremo del mundo del BDSM enfocado en la orina y la micción. Es una parafilia en la que la persona que toma el rol pasivo recibe la orina directamente de otra persona.

M

• **Macho**: Individuo del género masculino. Es el opuesto a hembra.

• **Madame**: Dueña o encargada de un prostíbulo.

• **Madre**: Género con el que se clasifica el material en el que aparecen como actrices, habitualmente, madre e hija en la misma escena sexual.

• **Maduras**: Designación en el mundo del sexo a las mujeres con edad avanzada. Ver también: MILF.

• **Magreo**: Ver: *petting*.

• **Malla**: Ropa ajustada y con una tela muy fina.

• **Manosear**: Tocar con las manos partes íntimas. Normalmente la persona tocada no está muy convencida de ello. También se usan los términos sobar y magrear.

• **Mantenida** (del argot): Mujer que vive a costa de un hombre. También se conoce como una querida o una manceba.

• **Marcha atrás**: Ver: *coitus interruptus*.

• **Marrueco**: Ver: bragueta.

• **Masaje**: Es una forma de estímulo físico, preferentemente manual, que provoca reacciones metabólicas, biológicas, psicológicas y sociales que se han demostrado científicamente como beneficiosas. Hay diferentes tipos de masaje: relajación, afectivo, sensual o terapéutico.

• **Masoquismo**: Parafilia, forma de comportamiento sexual compulsivo por el cual una persona siente placer solamente cuando otra persona le causa dolor físico.

• **Masturbación**: Autoestimulación de los órganos sexuales para tener un orgasmo. Suele realizarse con la mano pero pueden utilizarse objetos diversos.

- **Matrimonio**: Institución social que crea un vínculo conyugal entre sus miembros.
- **Matrimonio no consumado**: Pareja que aún y estar casada no ha tenido relaciones sexuales. Tienen una relación sin penetración.
- **Matriz**: Órgano genital femenino donde se desarrolla el embarazo. En sus paredes se encuentra el endometrio que es donde se fijará el óvulo una vez fecundado.
- **Mazmorra**: Lugar donde se encierra la persona dominada durante una práctica de BDSM. A este lugar también se le puede conocer con el nombre anglosajón *dungeon*.
- **Meloso/a**: Persona con un comportamiento muy dulce o amable que suele ser falso y poco natural.
- **Menarca**: Primera menstruación femenina.
- **Menopausia**: Período de declinación hormonal sexual en la vida de una mujer, coincide con el cese de la menstruación por ausencia de la estimulación estrogénica del útero.
- **Menstruación**: Flujo de sangre que se expulsa por la vagina. Se produce una vez al mes y se debe al desprendimiento del endometrio y otras sustancias de las paredes del útero si el embarazo no ha tenido lugar.
- **Meseta**: Una de las fases del orgasmo.
- **Métodos anticonceptivos de barrera**: Uso de objetos que se insertan en los órganos reproductivos del hombre o la mujer para que el esperma pueda entrar en la vagina de la mujer. Por ejemplo: preservativo o condón, diafragma y DIU.
- **Métodos anticonceptivos hormonales**: Tratamientos con productos que se inyectan o se ingieren que se expanden gracias a la sangre por todo el cuerpo que dificultan el embarazo. Por ejemplo: píldora anticonceptiva, píldora postcoital o la inyección anticonceptiva o anovulatorio.

- **Métodos anticonceptivos naturales**: Sistemas que dificultan la concepción practicando el coito de tal forma que se hace los días que la mujer es infértil. Por ejemplo: el método del calendario (Ogino-Knaus), la mucosa cervical (Billing) o de la temperatura.
- **Milda**: Diosa del amor de la mitología lituana.
- **MILF**: Acrónimo que viene del inglés *Mom I'd Like to Fuck* que vendría a traducirse como Madre Que Me Follaría. Es un término que se usa para referirse a las mujeres con una edad relativamente avanzada que para las actrices porno vendría a ser a partir de los 30 años más o menos. También se las denomina maduras.
- **Milonga**: Cabaret.
- **Mimar**: Hacer caricias y halagos.
- **Mirón**: Persona que observa un acto sexual o a los nudistas sin el consentimiento de los observados.
- **Misionero**: Nombre con la que se conoce la postura clásica en el que el que la mujer se tumba boca arriba y el hombre se coloca encima confrontando las miradas. Ver también: postura del misionero.
- **Mito sexual**: Falsa verdad con fuerte arraigo popular que se transmite generacionalmente y que crea sentimientos negativos para el disfrute sexual.
- **Mohiní**: Forma de mujer que enloquece a los demonios y que adopta Visnú para recuperar el néctar de la inmortalidad.
- **Monorgasmia**: Mujer que alcanza un único orgasmo pleno.
- **Monte de Venus**: Zona genital femenina que se encuentra cubierta de vello.
- **Morbo**: Tendencia hacia lo prohibido o desagradable.
- **Morena**: Chica con el pelo de color amarronado.

• **Multiorgasmo**: Es lo que siente una persona que tiene varios orgasmos en una misma relación sexual.

N

- **Napolitano**: Homosexual.
- **Narratofilia**: Parafilia que consiste en que la persona se excita con la lectura de relatos eróticos.
- **Naturismo**: A la definición de naturismo le corresponden todas las características de los nudistas con el añadido de una referencia expresa al respeto por la Naturaleza.
- **Naturista**: Persona que practica el naturismo.
- **Necrofilia**: Parafilia en la cual se verifica la relación sexual con cadáveres.
- **Nindaranna**: Nombre que recibe Venus y la Diosa del amor de los babilonios.
- **Night club**: Expresión general para describir los clubs de fiestas nocturnos. Más información: Trip Sex.
- **Ninfa**: En la mitología griega eran espíritus divinos que animaban la Naturaleza y se representaban como jovencitas desnudas o semidesnudas.
- **Ninfómana**: Mujer que siente un deseo sexual muy intenso, insaciable e irrefrenable.
- **Novio/a**: Persona que mantiene una relación de amor y sexual con otra persona y que tiene la intención de casarse con ella o de vivir en pareja.
- **Nudismo**: Es la práctica por parte de grupos de personas, que son los nudistas, de distintos tipos de actividades desnudos y, generalmente, en público. Los nudistas expresan en libertad su derecho a ir desnudos. El nudismo se define a sí mismo como la percepción del desnudo propio y el de los demás como algo natural y que la desnudez no tiene carácter sexual.
- **Nudista**: Persona que practica el nudismo.

O

• **Obsceno**: Que ofende al pudor o la vergüenza en lo que se refiere al sexo.

• **Ogino**: Método anticonceptivo que recibe el nombre de su descubridor. Está relacionado con la temperatura de la vagina y resulta escasamente fiable.

• **Órganos sexuales**: Conjunto de órganos que forman el aparato genital masculino y femenino. Ver también: aparato genital masculino y aparato genital femenino.

• **Orgasmo**: Etapa más intensa (clímax) de la excitación sexual con sensaciones en extremo placenteras y que en el hombre incluye por lo general la eyaculación.

• **Orgasmo sincronizado**: Orgasmo que se produce cuando el hombre reduce su velocidad y la mujer la acelera con el objeto de llegar al mismo tiempo a sentir el orgasmo. Es el culmen de la armonía y complicidad sexual.

• **Orgía**: Actividad sexual realizada en grupo sin ningún tipo de restricciones.

• **Orinar**: Proceso por el que la vejiga se vacía cuando está llena. También se usa el verbo micción.

• **Ovarialgia**: Dolor en un ovario.

• **Ovariectomía**: Extirpación quirúrgica de un ovario.

• **Ovarios**: Glándulas sexuales femeninas que producen los óvulos. Se encuentran a los lados del útero al que se unen a través de las trompas de Falopio.

• **Ovulación**: Proceso de formación y desprendimiento del óvulo que desde el ovario se dirige hacia el útero por las trompas de Falopio. Coincide con los días de máxima fertilidad de la mujer.

• **Óvulo**: Célula sexual femenina.

• **Óvulo anticonceptivo**: Método anticonceptivo químico que consiste en colocarlo en el fondo de la vagina con el objeto que actúe como espermaticida. Su eficacia aumenta si se combina con un método de barrera.

P

• **Pan**: Deidad de la mitología griega de la fertilidad y la sexualidad masculina desenfrenada.

• **Panty**: Medias que cubren, además de las piernas, la zona que llega hasta la cintura.

• **Parafilia**: Comportamiento sexual compulsivo. El psicoanálisis lo denomina perversión.

• **Paraíso**: Lugar o situación muy agradable.

• **Parche**: Pequeños cuadrados adhesivos que se pegan a la piel y actúan como métodos anticonceptivos liberando hormonas que se absorben por la epidermis y pasan a la sangre.

• **Parejas**: Género en el que se engloban los materiales en los que participan varias parejas realizando sexo entre sí.

• **Pasión**: Sentimiento o atracción sexual intenso por una persona.

• **Pasividad sexual**: Ausencia de iniciativa a mantener relaciones sexuales.

• **Pebeta**: Mujer joven.

• **Pederasta**: Actividades homosexuales entre hombres maduros y jóvenes.

• *Pegging*: Término anglosajón usado para describir la técnica sexual que consiste en la penetración por parte de la mujer a su pareja con la ayuda de un arnés sexual, dildo o prótesis.

• **Pelirroja**: Chica con el pelo con tonos rojizos.

• **Peluda**: Chica que no tiene afeitada la zona del Monte de Venus y sus órganos genitales. Corresponde al estado natural.

• **Pelvis**: Zona del cuerpo situada en la parte inferior del abdomen.

• **Pene**: Órgano genital masculino. Se compone de cuerpo y glande. En estado de reposo es flácido y flexible. Cuando entra en erección, debido a la excitación sexual, aumenta de tamaño y se pone rígido.

• **Penetración**: Acción y efecto de penetrar. En el contexto sexual, acción de introducir el pene en la vagina durante el acto sexual convencional.

• **Perineo**: Área anatómica romboidal conformada entre el pubis y el coxis, subdividida en posterior (ano) y anterior (genitales). En las mujeres, área de la vulva y vagina. En los hombres, área del pene y escroto.

• **Período fértil**: Días periovulatorios del ciclo menstrual de la mujer en los que la concepción es posible.

• **Período refractario**: Período posterior al orgasmo en el cual, para la mayoría de los hombres y para algunas mujeres, una ulterior respuesta sexual está temporalmente inhibida.

• **Período seguro**: Días del ciclo menstrual de la mujer en los que es menos probable que ocurra un embarazo como resultado del coito.

• **Perrito**: Postura sexual en el que la chica se pone apoyada con las cuatro extremidades y el hombre la penetra por detrás.

• **Perverso**: Actitud que se puede considerar muy mala desde el punto de vista sexual.

• *Petting*: Es un término anglosajón que se usa para describir cualquier relación sexual basada en besos y caricias pero que descarta el coito.

• **Peyronie, enfermedad de**: Formación de tejido fibroso denso en el cuerpo cavernoso del pene que ocasiona erección dolorosa. Asociada a esclerosis de otras partes del cuerpo. También llamada enfermedad de Lapeyronie y cavernitis fibrosa.

• **Pezón**: Parte saliente del pecho, centrado dentro de la areola, zona de salida de los conductos galactóforos y área de succión para la lactancia del recién nacido. Importante zona erógena que se erecta durante la excitación sexual.

• **Pictofilia**: Parafilia que consiste en excitarse con la visualización de imágenes y, por extensión, videos.

• *Piercing*: Término anglosajón que significa perforación y que popularmente se le da el significado del objeto que se cuelga en cualquier parte del cuerpo después de haber practicado una perforación para su fijación.

• **Píldora anticonceptiva**: Anticonceptivo hormonal muy fiable pero que requiere constancia y memoria pues debe de tomarse cada día durante un período de 21 días.

• **Píldora postcoital**: También llamada la píldora del día después. Se trata de un compuesto hormonal que se administra después de una relación sexual de riesgo. Debe de tomarse dentro de las 72 horas siguientes a la relación y utilizarse sólo en casos de emergencia.

• **Pinza**: Juguete sexual usado para crear sensaciones en el cuerpo desnudo basado en la realización de pellizcos.

• **Piquito**: Beso dado en los labios con apenas contacto realizado como muestra de afecto. También se lo denomina pico.

• **Placer**: Sensación agradable y positiva que se manifiesta de forma natural durante el desarrollo de una relación sexual y, en especial, durante el orgasmo.

• **Playmate**: Modelo que aparece en la portada mensual de la revista Playboy.

• **Pluma**: Juguete sexual usado para crear sensaciones en el cuerpo desnudo basadas en el cosquilleo de zonas erógenas.

- *Pole dance*: Se trata de un baile sensual que se realiza utilizando como elemento de ayuda una barra o poste sobre el que la bailarina realiza su actuación. También se conoce como barra americana.
- **Poliandria**: Matrimonio entre una mujer y dos o más hombres al mismo tiempo.
- **Poligamia**: Que tiene más de un esposo o esposa al mismo tiempo.
- **Poliginia**: Matrimonio entre un hombre y dos o más mujeres al mismo tiempo.
- **Polla** (del argot): Pene. Existe una multitud de términos usados popularmente para mencionar lo mismo entre los que destacan: pito, nabo, cola, pijo, picha, pilila, minga, pinga, cipote, ….
- **Polución nocturna**: Eyaculación involuntaria durante el sueño, frecuente durante el desarrollo sexual (adolescencia) y asociada a muy escasa actividad sexual en el adulto.
- **Polvo** (del argot): Coito. Popularmente se usan muchos otros sinónimos tales como: quiqui, ñaca-ñaca, foqui-foqui, ….
- **Ponyboy**: Término anglosajón utilizado para describir el cono anal que está provisto de cerdas con el objeto de imitar la cola de un caballo. También se conoce como *ponygirl*.
- **Porno**: Abreviatura de pornografía.
- **Pornografía**: Objetos de todo tipo destinados a producir excitación sexual. Se considera que es una visión muy mecánica de la sexualidad. Con los años es un mundo que ha evolucionado mucho.
- **Portador**: Individuo que no presenta síntomas de enfermedad pero retiene en su cuerpo microorganismos infecciosos y contagia a otras personas.

• **Posiciones sexuales**: Distintos modos de relacionarse entre sí la pareja. Se refiere a la penetración durante el acto sexual.

• **Postioplastia**: Cirugía plástica del prepucio.

• **Postura de la cuchara**. También se conoce como el molde. La pareja está acostada de lado. Ella queda por delante y él la penetra acoplándose por detrás. Quedan los dos cuerpos acurrucados y con las piernas plegadas en la misma dirección. Se trata de una postura muy dulce y muy adecuada para las caricias.

• **Postura de la doma**: Es la postura en la que el hombre está sentado cómodamente en una silla y la mujer se sienta sobre él mirándose cara a cara.

• **Postura de la fusión**: Él debe sentarse echando el cuerpo hacia atrás y apoyando sus manos en el suelo. Ella se sienta encima con las manos agarrando su cuello o apoyadas en el suelo. El ritmo principal lo lleva ella. Esta postura permite un contacto más íntimo y más intenso inclinando ella el cuerpo hacia adelante.

• **Postura de la libélula**: En esta postura los dos miembros de la pareja se tienden de costado. La mujer está de espaldas al hombre y ambos acoplan sus cuerpos. La mujer permite mediante la flexión de una pierna que el hombre la penetre.

• **Postura de la mochila**: El hombre y la mujer están de pie. Ella se sitúa delante, dando la espalda y ligeramente inclinada hacia delante. Él la penetra por detrás. Para facilitar la penetración ella suele tener que levantar ligeramente una pierna.

• **Postura de la profunda**. También se conoce con el nombre del yunque. Ella está tumbada boca arriba y con las piernas en alto. Él la penetra de rodillas, mirándola y apoyando los tobillos de ella en sus hombros. Es una postura que permite una estimulación profunda del punto G.

• **Postura de la sorpresa**: Esta postura también se conoce con el nombre del antílope. Se trata de una postura salvaje en la que los dos están de pie. Ella queda delante de él y le da la espalda. Él la penetra por detrás. Para mejorar la penetración ella se suele inclinar un poco hacia adelante o levanta una de las dos piernas.

• **Postura de las aspas del molino**: Ella se tumba boca arriba con las piernas abiertas. Él se tumba boca abajo sobre ella penetrando de frente a sus piernas. Las cabezas quedan totalmente separadas la una de la otra. Las manos de ella quedan libres para acariciar las nalgas de él.

• **Postura del cañón**: En esta postura el hombre y la mujer se encuentran cara a cara y de pie. Ella se abraza al hombre mientras él la sujeta elevada con los brazos las piernas. También se conoce como del abrazo salvaje.

• **Postura del cuervo**: Postura ya descrita en el libro del Kamasutra. Es la que se conoce popularmente como postura del 69.

• **Postura del deleite**: Esta postura también se conoce con el nombre de la cortesana. Ella debe arrimarse hasta el borde de una cama o una silla mientras él se arrodilla para dejar su pene a la altura de la vagina. Ella se abre de piernas para recibir el sexo de su compañero y echa el cuerpo hacia atrás. El cuerpo de él es envuelto por las piernas de ella. Es una postura para mujeres dominantes puesto que es la encargada de marcar el ritmo de la penetración.

• **Postura del misionero**: Es una postura clásica en la que los dos están cara a cara tumbados. Ella suele estar abajo y él arriba. Es una postura en la que la estimulación del clítoris y los labios vaginales es directa. La mirada y los besos juegan un papel muy importante si existe mucha complicidad.

• **Postura del perrito**: Ella se coloca a cuatro patas. Él de rodillas entra por detrás de ella. A ellas les estimula mucho las paredes vaginales. A ellos les gusta por ser una postura en la que son los dominantes.

• **Postura del trapecio**: No es una postura fácil y se considera acrobática. Él se coloca de pie o sentado mirando hacia ella con las piernas abiertas. Ella apoyando la cabeza sobre el suelo pone sus piernas abiertas sobre sus piernas. Para tener estabilidad el chico sujeta la cadera de la chica con las manos.

• **Postura del sometido**: Él queda tumbado boca arriba. Ella se sienta sobre él. Hay dos versiones de esta postura: la que ella queda de caras a él o le da la espalda. Ella lleva el ritmo aunque él puede ayudar con las manos sujetando las nalgas de ella. La postura en la que los dos están de cara también recibe el nombre de andrómaca o *cow-boy* y en la que ella da la espalda suele conocerse como reverse o columpio.

• **Postura del tornillo**: Ella se recuesta en el borde de la cama y tiende las piernas flexionadas a un lado del cuerpo. El clítoris queda atrapado entre los labios vaginales. Mientras él penetra la vagina se presiona también el clítoris. El chico penetra a la chica arrodillado frente a ella.

• **Prepucio**: Pliegue cutáneo retráctil, que cubre el glande en el extremo del pene.

• **Preservativo**: Ver: condón.

• **Presión**: Forma de penetración que consiste en apretar la vagina durante un largo período de tiempo.

• **Priapismo**: Es una enfermedad que causa intenso dolor. Consiste en que el pene se queda erecto y no retorna a su estado normal de flacidez por un tiempo prolongado y todo ello sin que exista ninguna estimulación erótica ni física ni mental.

• **Privado**: Es una variante del *lap dance* que se suele realizar en una sala privada y en el que la bailarina realiza un *lap dance* y posteriormente se incluye sexo oral, vaginal y/o anal.

• **Progesterona**: Hormona femenina encargada de preparar el útero después de la concepción.

• **Promiscuidad**: Conducta por la que se mantienen múltiples relaciones sexuales con personas diferentes o desconocidas.

• **Próstata**: Órgano de carácter glandular por su función que rodea el cuello de la uretra a su salida de la vejiga urinaria en los varones. Segrega una sustancia que nutre al espermatozoide. Glándula que rodea la uretra del hombre y bloquea la salida de la vejiga evitando que salga orina mientras el pene está erecto y produce uno de los principales componentes del plasma seminal.

• **Prostituta/o**: Persona que brinda servicios sexuales a cambio de dinero.

• **Provocar**: Excitar el deseo sexual de forma intencionada.

• **Pubertad**: Comienzo de la adolescencia, período de desarrollo sexual secundario, durante el cual el niño comienza a eyacular y la niña comienza a menstruar.

• **Pubis**: Porción anterior del hueso coxal en la parte inferior del abdomen, que forma un triángulo entre los dos muslos, cubierta de vello en los adultos.

• **Público**: Término que se usa para indicar que el acto sexual se realiza en cualquier zona de la calle a la posible vista de todo el mundo.

• **Pudor**: Sentimiento que impide mostrar el propio cuerpo o tratar temas relacionados con el sexo.

• **Puerperio**: Período posterior al parto en el que el organismo femenino va retornando a la situación anterior al embarazo.

• **Punto G:** Especie de lunar grande o protuberancia situado en el interior de la vagina a unos cinco centímetros de la entrada. Es extremadamente sensible y su estimulación va acompañada de una gran excitación sexual. Ver artículo: Goza con tu punto G o tu clítoris.

• **Punto P**: Sería para los hombres el equivalente al punto G femenino. Sería una zona en la que su estimulación vendría a producir una gran excitación sexual. Se encuentra en el interior del recto a unos 5 centímetros del ano y en la zona que da hacia el frente, es decir, hacia la vejiga.

• **Puta** (del argot): Prostituta. También se usa popularmente los términos: ramera, fulana, furcia, zorra, meretriz, cortesana, pelandrusca, buscona, pinga, mujerzuela, pupila, pendón, mujer de la vida, perra, fiestera, alegretta, putona, piruja, golfa, ...

Q

• **Qadesh**: Diosa del antiguo Egipto que estaba relacionada con el amor y el placer sexual.

• **Quiste**: Cavidad o saco cerrado que contiene un material fluido o semisólido.

R

- **Rahda**: Es la consorte, amiga y compañera del Dios hindú Krishna.
- **Rambhá**: En el hinduismo es la Diosa del placer y se la consideraba insuperable en las artes de la danza, la música y el sexo.
- **Recto**: Extremo distal del intestino grueso, ubicado después del colon sigmoide y que finaliza en el ano.
- **Regla**: Ver: menstruación.
- **Reinfección**: Segunda infección por el mismo agente después del restablecimiento o durante la evolución de la infección primaria.
- **Relación sexual**: Todo tipo de relación sexual que puede comprender caricias, besos y sexo de todo tipo.
- **Relajación**: Estado de conciencia que busca que no haya una contracción muscular junto con una respiración acompasada con el objeto de reducir el stress.
- **Relax**: Término que hace referencia a la relajación.
- **Reproducción**: Proceso de los seres vivos que les permite que la especie se conserve y perviva en el tiempo.
- **Resolución**: Etapa en la que el cuerpo humano vuelve a un estado de relajación después del orgasmo.
- **Retrovirus**: Virus cuyo material genético es de ARN, pero que dentro de la célula se transcribe en ADN mediante una enzima específica: la transcripción inversa. El virus del SIDA, VIH o HIV, es un retrovirus.
- *Reverse*: Término anglosajón utilizado para las posturas en las que uno de los miembros de la pareja da la espalda al otro.

• **Romántico**: Género con el que se clasifica el material en el que prima un acto sexual con expresiones de cariño y amor real. Se considera un sexo no fingido.

• **Rubia**: Chica que tiene el pelo con tonalidades amarillentas.

• **Ruso**: Masaje del ano.

S

- **Sadismo**: Comportamiento sexual parafílico, por el cual una persona siente placer sexual al infligir dolor a otra.
- **Sadomasoquismo**: Forma de comportamiento sexual por el cual una persona siente placer en una variable combinación de sadismo y masoquismo. Véase también: sadismo y masoquismo.
- **Sajón**: Acto en el que la mujer presiona la base del pene con el objeto de retrasar la eyaculación.
- **Salpingitis**: Inflamación de las trompas de Falopio.
- **Sandwich**: Postura sexual que la practican dos hombres y una mujer. Los hombres penetran a la mujer de forma simultánea.
- **Seducción**: Acto por el que se persuade a alguien con objetivos sexuales.
- **Semen**: Líquido blanquecino de consistencia lechosa en el que viajan los espermatozoides. Es segregado por los testículos. Ver también: Aumentar semen.
- **Sensación**: Recepción de estímulos mediante los órganos sexuales.
- **Sensual**: Que provoca deseo sexual.
- **Servicio**: Palabra utilizada para expresar que existe una transacción económica a cambio de alguna actividad sexual.
- **Sex**: Término anglosajón que se traduce por sexo.
- **Sex shop**: Término anglosajón usado para indicar una tienda que vende artículos relacionados con el sexo: juguetes sexuales, lencería, películas y libros entre otros.
- **Sexo**: Se refiere al coito, es decir, al acto sexual propiamente dicho.

• **Sexo anal**: Sexo en el que la penetración se realiza por vía anal tanto en las relaciones heterosexuales como las homosexuales. Antiguamente se conocía como sodomía. Ver también: coito anal.

• **Sexo con desconocidos**: Acto sexual realizado entre personas que no se conocen de antemano. Ver también: *dogging* o cancaneo.

• **Sexo en el agua**: Acto sexual que se realiza dentro del agua como podría ser el mar, una piscina, un jacuzzi o en una bañera de una vivienda.

• **Sexo en la red**: Ver: cibersexo.

• **Sexo extramarital**: Sexo que se realiza fuera de la pareja o el matrimonio.

• **Sexo extremo**: Sexo que comprende una serie de prácticas consideradas muy transgresoras y extremas entre las que se suele englobar dentro de lo que es el BDSM.

• **Sexo gratis**: Material de contenido sexual que se ofrece gratuitamente con el objeto que sirva de reclamo para que se use o compre el material que es de pago.

• **Sexo grupal**: Número mayor de dos de personas que entre sí realizan variadas actividades sexuales al mismo tiempo.

• **Sexo opuesto**: Persona que es de un sexo diferente al de otro.

• **Sexo oral**: Utilización de la boca y lengua para estimular los genitales de una pareja. Llamado también sexo oralgenital incluye el *cunnilingus* y la *fellatio*.

• **Sexo salvaje**: Acto sexual que se realiza con rapidez y mucho entusiasmo.

• **Sexo seguro**: Formas de actividad sexual que tienen un nivel relativamente bajo de riesgo de adquisición de una enfermedad de transmisión sexual por la utilización de preservativo, (especialmente SIDA).

• **Sexo tántrico**: Ver: coito tántrico.

• **Sexo telefónico**: Tipo de sexo virtual que se realiza entre dos personas consistente en conversaciones telefónicas realizadas mediante el teléfono.

• **Sexología**: Estudio de la sexualidad humana y todo lo que está relacionado con ella.

• **Shaktí**: En el hinduismo es una potencia activa de un Dios masculino que se personifica en su esposa y se suele asociar a la fertilidad.

• **Show porno**: Espectáculo con actuaciones en los que se practican actos sexuales explícitos.

• Sida: Es el acrónimo de síndrome de inmunodeficiencia adquirida. ETS que provoca el progresivo debilitamiento del sistema de defensas del cuerpo. Las siglas en inglés son AIDS y es así como se encuentra denominado en numerosos lugares y en especial por Internet.

• **Sífilis**: ETS prácticamente erradicada en la actualidad aunque muy grave y extendida en el pasado. Hoy se cura fácilmente con penicilina. El primer síntoma es la aparición de una llaga (ver chancro) en la vagina, el ano o la boca.

• **Síndrome premenstrual**: Ligeras alteraciones psíquicas y físicas que se producen en algunas mujeres en los días previos a la menstruación.

• **Slips**: Ropa interior masculina que mantiene los órganos sexuales ajustados en una posición fija.

• **Sodomía**: Nombre que en la antigüedad se conocía al coito o sexo anal.

• *Softcore*: Género pornográfico suave en el que no se muestran actos sexuales explícitos ni penetración.

• *Spanking*: Término anglosajón usado para describir la técnica del BDSM basada en dar azotes con el objeto de aumentar las sensaciones en el cuerpo desnudo.

• *Squirt*: Es la eyaculación femenina. Se refiere a la expulsión de una cantidad variable de fluido a través de la uretra de la mujer durante el orgasmo. El líquido expulsado es claro, transparente y lechoso que surge de la vagina, a veces con fuerza, y que tiene una composición semejante a la de los hombres. Es generado por las glándulas de Skene.

• **Strip club**: Es un table dance que ofrece espectáculos de striptease.

• **Stripper**: Persona que trabaja realizando espectáculos de striptease.

• **Striptease**: Es un espectáculo, generalmente un baile, en que la persona que lo ejecuta se va quitando la ropa sensualmente ante los espectadores. Web: Strepte…se.

• **Subhadrá**: En el hinduismo es la media hermana de Krishná.

• **Sujetador**: Elemento de ropa interior femenina que se usa para cubrir el pecho y evitar su caída. También se conoce con el nombre de sostén, corpiño, brassier, ….

• **Sumisión**: Actitud de una persona que se deja dominar por otra. Forma parte de las actividades de sexo extremo del BDSM.

• *Swinger*: Término inglés usado para las personas que tienen pareja.

T

• **Tabú sexual**: Prohibición social a practicar determinadas prácticas sexuales.

• **Table dance**: Es un club nocturno o bar que ofrece espectáculos eróticos y, principalmente, stripteases. Habitualmente se complementan con otros servicios tales como los *lap dance* o bailes privados.

• **Tacón**: Parte del calzado que alza el cuerpo unos centímetros. Es considerado uno de los grandes fetiches sexuales.

• **Tailandés**: Masaje realizado con los senos pasándolos por todo el cuerpo.

• **Tanline**: Tanga en el que la sujeción de la parte delantera con la trasera es una delgada cuerda.

• **Tanga**: Traje de baño o prenda de ropa interior que por delante cubre los genitales y cuya parte trasera va de una delgada cuerda hasta una tira de unos dos o tres centímetros que se une a la cintura a través de un triángulo o una T dejando al descubierto ambos glúteos del culo.

• **Tantra**: Conjunto de tradiciones esotéricas que enseñan a usar el deseo como camino hacia la realización de la satisfacción sexual en lugar de usar el camino directo y fácil.

• **Taoísmo**: La filosofía del Tao busca conseguir la longevidad. En su aspecto sexual su técnica más importante es la eyaculación invertida. Consiste en presionar en el momento de la eyaculación el punto *Jen-Mo* percutiendo el perineo, el punto situado entre el ano y el escroto, y, de esta forma, el hombre reabsorbe su propio semen (*ching*). Con ello se constituye una poderosa mezcla de todas sus fuerzas físicas que se mezcla con la fuerza vital cósmica (*Ch'i*) permitiendo acercarse a la inmortalidad.

• **Tasmetu**: Diosa babilónica considerada como Diosa del amor.

• *Tattoo*: Término anglosajón usado para describir la forma de modificar el aspecto del cuerpo basado en inyectar tintas en la piel que suelen representar dibujos y formas diversas.

• **Teatralización**: Acto de simulación de goce u orgasmo, para complacer a la pareja. Puede utilizarse para la ocultación de frigidez total o anorgasmia. Ver también: fingir.

• **Temperatura basal corporal**: Método anticonceptivo que usa la temperatura para detectar la fase fértil de la mujer. Hay que tomar la temperatura cada día a la misma hora a ser posible con un termómetro especial de fertilidad. Cuando se registra durante tres días consecutivos una temperatura media más baja que la de los seis días anteriores es que la etapa fértil ha terminado hasta el siguiente ciclo. La diferencia de temperaturas suele estar entre los 0,2 y los 0,4 grados centígrados.

• **Terapia sexual**: Tratamiento de las disfunciones sexuales.

• **Ternura**: Cariño, amor o afecto.

• **Testículos**: Glándulas masculinas que producen los espermatozoides. Ver también el término popular: cojones.

• **Testosterona**: Hormona sexual masculina por excelencia, producida por los testículos. Es responsable de la conducta sexual y de las características sexuales secundarias masculinas. La testosterona también se produce en las glándulas suprarrenales de hombres y mujeres, y en éstas es en parte responsable de la conducta sexual femenina.

• **Teta** (del argot): Pecho. También se utiliza popularmente los términos: senos, pechos, domingas, lolas, peras, melones, mamas, ...

• **Tlazoltéotl**: Diosa mexica del nacimiento, el sexo y de la tierra.

• **Top**: Prenda de ropa que se coloca para cubrir la zona del pecho.

• *Topless*: Hecho de no llevar ropa que cubra los pechos.

• **Transexual**: Persona que se siente perteneciente al sexo opuesto.

• **Trasero**: Zona inferior de la espalda. Culo.

• **Travesti**: Persona que se viste con ropas del sexo opuesto.

• **Tribadismo**: Es la práctica de sexo entre dos mujeres que se estimulan a base de frotarse los dos sexos entre sí.

• **Tricomoniasis**: Infección de la vagina que se ha transmitido sexualmente.

• **Trío**: Se usa el término para indicar el sexo realizado por un grupo de tres personas que pueden ser del mismo sexo o de diferentes sexos. El más popular de todos los tríos es el que se realiza entre dos chicas y un chico por ser una fantasía muy arraigada.

• **Trompas de Falopio**: Conductos que comunican los ovarios con el útero o matriz. Por ellas viaja el óvulo y en ellas se produce la fecundación.

• **Tulasí**: Diosa de la tradición hinduista consorte y querida de Visnú.

• **Tuppersex**: Reuniones de amigas y conocidas con el objeto de intercambiar conocimientos sobre artículos eróticos, lencería y afrodisíacos.

• **Turismo sexual**: Actividad turística que tiene como principal objetivo la actividad sexual. Ver: Trip Sex.

U

• **Universitaria/o**: Género en el que se engloba el material que contiene actores estudiantes y jóvenes.

• **Uretra**: Conducto que une la vagina urinaria con el exterior. Se utiliza para expulsar la orina y, en el caso de los hombres, también para expulsar el semen.

• **Urofagia**: Acción por la que la persona pasiva que recibe la orina de otra persona se la bebe.

• **Urolagnia**: Ver: lluvia dorada.

• **Útero**: Ver: matriz.

V

- **Vagina**: Conducto que une la vulva con el útero. En ella se introduce el pene durante el coito.
- **Vagina de Hollywood**: Juguete sexual que es una reproducción de una vagina con la que el hombre se puede masturbar. Recibe este nombre porque reproducen vaginas de importantes actrices porno. En los países anglosajones reciben el nombre de *sex in a can*.
- **Vasectomía**: Método anticonceptivo radical que consiste en una intervención quirúrgica para evitar que el semen contenga espermatozoides.
- **Vello púbico**: Pelo o vello que aparece en la zona de los genitales.
- **Venus**: Diosa de la antigua Roma vinculada con el amor, la belleza y la fertilidad.
- **Vesícula seminal**: Glándula productora de la mayor parte del líquido seminal que está situada en la zona pélvica.
- **Viagra**: Es un fármaco utilizado para tratar la disfunción eréctil y la hipertensión arterial pulmonar. Ver también: Comprar viagra.
- **Vibrador**: Dispositivo que opera a pilas, por lo general con forma de pene, que vibra y es utilizado para estimular el clítoris o la vagina.
- **Video viral**: Video que por sus especiales características gusta mucho y es fácilmente difundido por Internet gracias a que los que lo han visto lo difunden entre sus amigos y conocidos.

• **Violación**: Relación sexual llevada a cabo por la fuerza sin mediar consentimiento por parte de uno de los integrantes de la pareja.

• **VIP**: Acrónimo de *Very Important Person*. En el mundo del sexo se usa esta expresión para los que se gastan mucho dinero en servicios sexuales y de ocio erótico.

• **Virgen**: Término coloquial que se aplica a la persona que no ha mantenido relaciones sexuales hasta la fecha.

• **Virginidad**: Estado del aparato genital femenino que se considera que no se alterado desde el nacimiento por una penetración o coito.

• **Virus**: Agente infeccioso (microbio) responsable de numerosas enfermedades en todos los seres vivos. Son partículas extremadamente pequeñas y que a diferencia de las bacterias no se pueden mantener ni multiplicar sino es como parásitos de una célula viva.

• **Voyeur**: Persona que practica el voyeurismo.

• **Voyeurismo**: Parafilia compulsiva de comportamiento sexual en el cual una persona (por lo general un hombre) siente placer al mirar las actividades sexuales de otras personas, o de mirar a otros desvestirse. También llamado escopofilia.

• **Vulva**: Órgano sexual de la mujer que incluye el monte de Venus, los labios mayores y menores, el clítoris y la punta de la uretra de la mujer.

W

• **Webcam**: Cámara digital que se conecta a una computadora y a la red con el objeto de transmitir imágenes relacionadas con el sexo. Suele existir la posibilidad de interactuar usando como complemento el micrófono, un teléfono o un chat.

• *Wet dance*: Show erótico incluido dentro del grupo de los table dance en el que la chica hace un striptease mientras le cae agua sobre su cuerpo. Suele ser un espectáculo muy habitual en los concursos de camisetas mojadas.

X

• **X**: Letra con la que se clasifica un contenido que sólo es apto y recomendable para los que son mayores de edad. Su contenido que puede ser ofensivo y contrario a la moral de una gran parte de las religiones actuales.

• **Xochipilli**: Dios mexica del amor, los juegos, la belleza, la danza y el placer.

Y

• **Yira**: Prostituta que trabaja en la calle.

• **Yoni**: Término en sánscrito que significa útero, vagina, vulva o vientre en el sentido de fuente de vida. También se escribe como ioni.

• **Young**: Término anglosajón que significa joven. Bajo esta categoría se engloba el material en el que participan actores jóvenes.

Z

• **Zigoto**: Célula resultante de la unión de un espermatozoide y un óvulo.

• **Zonas erógenas**: Aquellas partes del cuerpo que son especialmente sensibles a la estimulación sexual (genitales, zona mamaria, ...). Ver artículos complementarios: Las zonas erógenas masculinas y las zonas erógenas femeninas.

• **Zoofilia**: Comportamiento sexual parafílico que comprende el contacto sexual con animales.

OTROS LIBROS DEL AUTOR

- **Título**: *"El amor es emoción, el sexo es acción"*.
- **Resumen**: Es un conjunto de 40 relatos eróticos que te convencerán que no hay padre ni mejor amigo que uno mismo.
- **Temas**: Relatos eróticos, Novela X, Historias picantes.
- **Información**: http://www.cuentos-x.com/?page_id=1680